Dirección editorial: Raquel López Varela
Autoras: Mariana Magalhães y Cristina Quental
Ilustración: Sandra Serra
Coordinación editorial: Jesús Muñoz Calvo y Ana Mª García Alonso
Maquetación: Javier Robles, Patricia Martínez y Eduardo García
Título original: *Ciclo do pão*

© EDITORIAL EVEREST, S. A
Carretera León-La Coruña, km 5 - LEÓN.
ISBN: 978-84-441-4937-0
Depósito legal: LE-893-2013
Printed in Spain - Impreso en España

EDITORIAL EVERGRÁFICAS, S. L.
Carretera León-La Coruña, km 5
LEÓN (España)
Atención al cliente: 902 123 400

Conoce nuestros productos en esta página, danos tu opinión y
descárgate gratis nuestro catálogo.

www.everest.es

ciclo del

pan

Cristina Quental es una joven escritora portuguesa que nació el 19 de noviembre de 1983 en Ponta Delgada. Es maestra de educación infantil y ha alternado el trabajo en la escuela infantil con actividades relacionadas con la dinamización del tiempo libre.

Mariana Magalhães nació el 2 de noviembre de 1971 en Lisboa (Portugal). Además de escritora, también es maestra de educación infantil y ha alternado el trabajo en la escuela infantil con actividades vinculadas con la acción social. Ha participado en numerosos seminarios y cursos de capacitación sobre temas relacionados con niños en situaciones de riesgo. También ha organizado y coordinado un centro de acogida para menores sin familia o separados de esta.

Sandra Serra nació en Luanda (Angola) el año 1968. Es diseñadora gráfica e ilustradora desde el año 1994. Ha sido mencionada, en varias ocasiones, como una de las referencias de la ilustración infantil y juvenil en Portugal. Desde el año 2007, también se dedica a escribir obras infantiles y ya tiene varios libros editados. Tiene su propio sitio web: www.espiralinversa.pt

¿dónde vamos hoy?

Cristina Quental
Mariana Magalhães

ciclo del

pan

Ilustraciones **Sandra Serra**

everest

La maestra Teresa entró en clase con una enorme bandeja llena de plantas.

—¿Qué plantas son esas, señorita? —preguntó Mario.

—Son unas plantas muy interesantes que se llaman *cereales*. ¿Conocéis alguna?

—¡Sí! —respondió Víctor—. Yo conozco el maíz, porque lo suelo comer en casa de mi abuela.

—Muy bien, ¿y quién conoce las otras? Los niños negaban con la cabeza.

—Entonces os lo voy a contar yo: aquí tenemos trigo, avena, centeno y maíz. ¿Quién me sabe decir qué se puede hacer con estos cereales?

—El maíz sirve para comer y hacer palomitas —dijo Leonor.

—Si solo sirve para eso...

—Todos estos cereales sirven para hacer pan.

MAÍZ

CENTENO

AVENA

—Pero ¿cómo? —preguntó Francisco.

—¡Calma, calma, que os lo voy a contar todo! Hoy vamos a visitar un antiguo molino que han arreglado muy bien y que sigue funcionando como hace años. Ahora los cereales se muelen con maquinaria eléctrica, porque ya casi no quedan molinos de viento.

—Entonces, ¿por qué vamos a un molino de esos antiguos? —quiso saber Jorge.

—¡Porque los molinos antiguos son muy bonitos y la molienda se ve mejor! Después visitaremos una fábrica de harinas moderna —explicó la maestra.

TRIGO

9

En el autobús, los alumnos estaban contentos y mostraban una gran curiosidad.

Cuando llegaron al molino, se quedaron encantados con sus enormes aspas blancas.

El molinero les dio
la bienvenida en la entrada:
—¡Sed bienvenidos a mi
molino! Ahora veréis lo que
les pasa a los cereales.
Acompañadme.

11

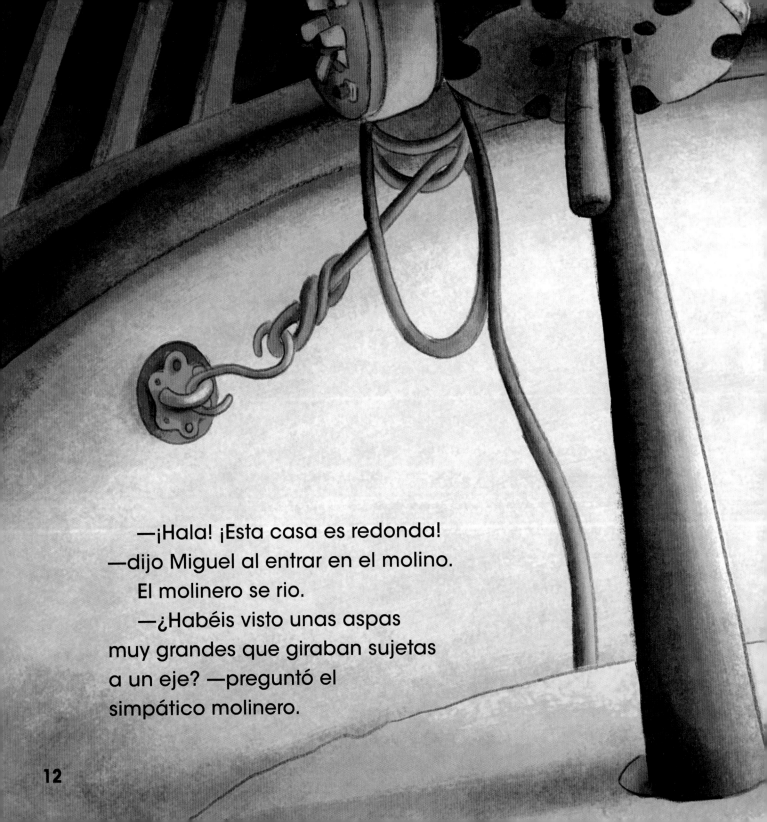

—¡Hala! ¡Esta casa es redonda!
—dijo Miguel al entrar en el molino.
El molinero se rio.
—¿Habéis visto unas aspas
muy grandes que giraban sujetas
a un eje? —preguntó el
simpático molinero.

—¡Sí! —respondieron a coro.

—Pues veréis, el viento impulsa las aspas y ellas comunican ese movimiento a este enorme eje de madera, para que haga girar la muela, esta piedra tan grande.

—¡Eh! ¡Qué gracioso, todo da vueltas aquí dentro! —dijo María.

—Aquí empieza mi trabajo: echo los cereales por esta abertura; después, la piedra empieza a girar sobre otra que está debajo y, entre las dos, aplastan los cereales que quedan en medio. Así se transforman en harina, que por fin cae a otros sacos que tengo aquí preparados. Cuando se llenan unos cuantos, los llevo a la panadería.

—¿En los molinos modernos hay también piedras redondas?

—No, hay máquinas especiales. Las vais a ver dentro de poco; hay uno cerca.

15

En el molino moderno,
los empleados fueron también
muy simpáticos y les enseñaron
las máquinas que transforman
los cereales en harina.
—Ya solo nos falta
la panadería —comentó Rodrigo.

—A ver, chicos, ¿qué se hace en
una panadería? —preguntó la maestra Teresa.
—Pan y pastelillos —contestó Linda.
—Entonces vamos para allá, nos fijamos
bien y lo aprendemos todo.

17

18

En la puerta estaba la panadera, muy sonriente.

—Entrad, niños, que vais a conocer la panadería de Ana.

—¡Qué olor más rico! —dijo Juan.

19

—Venid a ver lo que hacemos con la harina.

»Primero la mezclamos con agua, después añadimos un poco de sal y, para terminar, echamos enseguida un trocito de esta sustancia mágica que se llama *levadura* y que sirve para que el pan crezca.

»Hay dos maneras de hacer la masa de pan: a mano, como antiguamente, o con la batidora de harina.

—¿Y después? —preguntó Inés
entusiasmada.

—Se le da la forma y el tamaño que
se quiera. A continuación, se colocan en
este horno gigante, se espera el tiempo
necesario para que el pan se cueza y,
cuando está listo, se saca con esta pala.

—¡Mmm! ¡Qué maravilla! ¿Lo podemos probar ya?

—¡Ja, ja, ja! Claro que sí —rio la panadera mientras cortaba una rebanada para cada niño.

—¡Qué rico! ¡Está
estupendo! —dijeron
todos, encantados.
    Después de probar
el pan calentito volvieron
al autobús. Había sido
otro paseo inolvidable
con la maestra Teresa.

25

El pan

Yo quiero comer pan
en invierno y en verano;
yo quiero comer pan
a dos manos.

Pan y mantequilla,
pan con mermelada;
me lo comeré todo
y no te daré nada.

Yo quiero comer pan
en invierno y en verano;
yo quiero comer pan
a dos manos.

Pan con chorizo,
pan con chocolate;
me lo comeré todo
y para ti, un tomate.

Yo quiero comer pan
en invierno y en verano;
yo quiero comer pan
a dos manos.

Pan con jamón,
pan con queso;
toma un bocadito
si me das un beso.

Voy a comprar pan

(Música de *Mi barba tiene tres pelos*)

Llegó la hora del almuerzo;
no sé lo que comeré,
pero, en la panadería,
pan caliente debe de haber.

Pan, pan, pan...

Buenos días, panadera,
¿cuál es el pan más reciente?
Toma este, niño querido,
le vendrá bien a tus dientes.

Pan, pan, pan...

Abriré esta barrita
para preparar mi almuerzo,
con miel y con mantequilla
me gusta mucho y crezco.

Pan, pan, pan...

El pan es buen alimento,
pues es rico en cereales,
y resulta saludable
para chavales y padres.

Pan, pan, pan...

Mi nombre es Juan,
que rima siempre con *pan*,
mas no lo como a lo loco,
aunque siempre quiero más.

Pan, pan, pan...

¿Sabías que el Día Mundial del Pan y de la Alimentación es el 16 de octubre?

Te proponemos una pequeña obra de teatro para celebrarlo.

Personajes:

Molinero, panadera, avena, maíz, centeno y trigo

(los cereales serán interpretados por un grupo de niños).

(Se encuentran los cereales...).

Maíz:
—Soy el maíz,
soy guapetón,
hago palomitas,
pienso para las gallinas
y panes un montón.

Avena:
—Soy la avena
y en el pan salgo,
y en otras cosas,
como el gel de baño.

Centeno:
—El centeno soy,
rey del cereal;
soy más oscuro y fuerte
que todos los demás.

Trigo:
—Estáis más que convencidos:
todos preferís aquí, al amigo,
porque soy el más conocido
por hacer el pan de trigo.

Molinero:
—¡Menuda algarabía,
cuánta confusión;
os moleremos pronto
con dicha y emoción!

Panadera:
—Cómo huele la hornada;
quién podía imaginar
que, mezclando cereales,
saliera tan rico el pan.
distintos cereales.

29

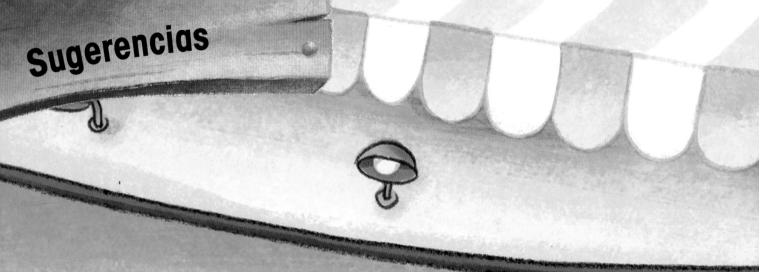

Sugerencias

Sugerencias para el escenario:

1. Dibujar un campo con ilustraciones de varios cereales en papel de embalar.
2. Dibujar un molino y varios sacos de cereales en papel de embalar.
3. Dibujar un horno en papel de embalar; hacer una pala gigante con cartón; y preparar una bandeja pintada o real con los distintos cereales.

Sugerencias para el vestuario:

1. Maíz: vestir ropa amarilla; pegar granos de maíz o bolitas de papel amarillo en ella.
2. Avena: ponerse ropa beis o en tonos crudos; pegar granos de avena o bolitas de papel del mismo color en ella.
3. Centeno: utilizar ropa en tonos castaños; pegar granos de centeno, espigas o bolitas de papel del mismo color en ella.
4. Trigo: usar ropa beis o amarillo claro; pegar espigas en ella.
5. Molinero: vestir abarcas, camisa de cuadros y sombrero de paja.
6. Panadera: disfrazarse con ropa completamente blanca y un gorro.

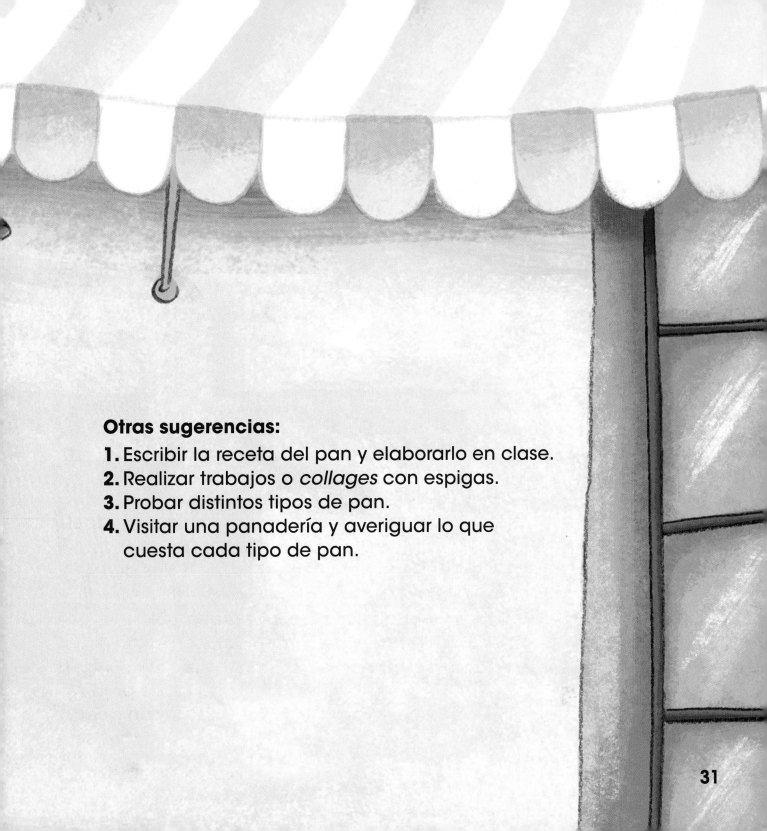

Otras sugerencias:

1. Escribir la receta del pan y elaborarlo en clase.

2. Realizar trabajos o *collages* con espigas.

3. Probar distintos tipos de pan.

4. Visitar una panadería y averiguar lo que cuesta cada tipo de pan.

Vocabulario

Amasar

Hacer una masa mezclando agua con harina.

Aspas

Brazos de madera en forma de cruz que tiene
un molino.

Batidora

Utensilio empleado para batir huevos, claras, salsas, etc.

Cereal

Planta de cuyas semillas se puede obtener harina.
Por ejemplo, la cebada, el trigo, el centeno, etc.

Corteza
Parte exterior y dura del pan.

Harina
Polvo que se obtiene de moler trigo o granos
de otros cereales.

Hogaza/pan de hogaza
Pan grande, generalmente de forma circular.

Horno
Aparato que sirve para calentar, asar o gratinar
alimentos. Por ejemplo, para cocer el pan,
asar la carne o gratinar la pasta.

Hornada
Cantidad de pan que se cuece de una vez
en el horno.

Levadura
Sustancia que sirve para que el pan, las magdalenas
o los bizcochos... «crezcan» en el horno.

Miga

Parte más blanda del pan, cubierta por la corteza.

Molde

Pieza hueca que sirve para dar forma a la masa que se vacía en él.

Molino

Lugar donde se muelen los cereales.

Obrador

Taller donde se fabrica pan.

Pala

Instrumento de madera que se utiliza para pasar los panes (o las *pizzas*) al horno, permitiendo deslizar la masa sin que se deforme.

Panadería

Sitio donde se hace y, en ocasiones, también se vende el pan.

Panecillo

Pieza de pan que equivale a la ración que una persona consume en una comida.

Panificadora

Establecimiento donde se elabora y se vende pan por procedimientos industriales.

Rebanada

Porción delgada y de espesor uniforme que se corta de una cosa, especialmente de pan.

Sal

Sustancia en polvo de color blanco que da sabor salado a los alimentos.

Salvado

Cáscara del grano molida.

«A buen hambre, no hay pan duro».

Cuando uno tiene mucha hambre, come
lo que tiene a su alcance sin poner reparos.
La necesidad nos lleva a valorar cosas que,
en otras circunstancias, nos resultarían poco
atractivas o agradables.

Títulos de la colección:

ISBN: 978-84-441-4936-3

ISBN: 978-84-441-4937-0

ISBN: 978-84-441-4938-7

ISBN: 978-84-441-4939-4

ISBN: 978-84-441-4940-0

ISBN: 978-84-441-4941-7

ISBN: 978-84-441-4942-4

ISBN: 978-84-441-4943-1